Michaela Abke, Andrea Much

15 kreative Kunstprojekte für Herbst und Winter

Farbiges und räumliches Gestalten
mit einfachen Materialien

Die Autorinnen:

Michaela Abke studierte Lehramt für die Primarstufe mit den Fächern Textilgestaltung, Mathematik und Deutsch an der Westfälischen Wilhelms-Universität in Münster. Seit 2008 arbeitet sie als Lehrerin an Grundschulen in Nordrhein-Westfalen. Sie betreute ehrenamtlich Kreativprojekte in Kindertagesstätten und in ihrer Gemeinde. Sie lebt mit ihrem Mann und ihren zwei Kindern am Niederrhein.

Andrea Much ist Diplom-Kunsttherapeutin, Sozialpädagogin und Malerin. Im Jahre 2003 gründete sie das „Kinderatelier", eine Malwerkstatt für Kinder. Seit 2012 bietet sie auch erfolgreich Workshops für Erwachsene an. Außerdem hat Andrea Much in der Vergangenheit zahlreiche Kunstprojekte an Kindergärten und Grundschulen initiiert und durchgeführt. Sie lebt mit ihrem Mann und ihrem Sohn in Kamp-Lintfort.

Dank
Wir möchten uns ganz herzlich bei den Kindern der Klasse 3b (Gerhard-Tersteegen-Schule, Neukirchen-Vluyn) und den Kindern aus den Kursen und Workshops des „Kinderateliers" bedanken. Ein riesiges Dankeschön geht auch an unsere Familien: Christian, Nina und Niklas, Thorsten und Lucas – ihr wart toll! Vielen Dank für eure Unterstützung!

Gedruckt auf umweltbewusst gefertigtem, chlorfrei gebleichtem und alterungsbeständigem Papier.

1. Auflage 2013
© Persen Verlag, Hamburg

2. Auflage 2014
© Persen Verlag, Hamburg
AAP Lehrerfachverlage GmbH
Alle Rechte vorbehalten.

Das Werk als Ganzes sowie in seinen Teilen unterliegt dem deutschen Urheberrecht. Der Erwerber des Werkes ist berechtigt, das Werk als Ganzes oder in seinen Teilen für den eigenen Gebrauch und den Einsatz im Unterricht zu nutzen. Die Nutzung ist nur für den genannten Zweck gestattet, nicht jedoch für einen weiteren kommerziellen Gebrauch, für die Weiterleitung an Dritte oder für die Veröffentlichung im Internet oder in Intranets. Eine über den genannten Zweck hinausgehende Nutzung bedarf in jedem Fall der vorherigen schriftlichen Zustimmung des Verlages.

Sind Internetadressen in diesem Werk angegeben, wurden diese vom Verlag sorgfältig geprüft. Da wir auf die externen Seiten weder inhaltliche noch gestalterische Einflussmöglichkeiten haben, können wir nicht garantieren, dass die Inhalte zu einem späteren Zeitpunkt noch dieselben sind wie zum Zeitpunkt der Drucklegung. Der Persen Verlag übernimmt deshalb keine Gewähr für die Aktualität und den Inhalt dieser Internetseiten oder solcher, die mit ihnen verlinkt sind, und schließt jegliche Haftung aus.

Satz: Satzpunkt Ursula Ewert GmbH, Bayreuth

ISBN: 978-3-403-23342-8

www.persen.de

Inhaltsverzeichnis

Vorwort . . . .

    Idee, Inhalt, Anliegen, praktischer Hinweis   4

Kreativprojekte

1. Herbstzeit

1.1 Waldgeister – Skulpturen aus Naturmaterialien ✫   6

1.2 Blätterfest – Collage und Frottage aus Blättern ✫   8

1.3 Herbstlandschaft mit Baum – Freies Weben ohne Schiffchen ✫ ✫ ✫ 11

2. Lichterzeit

2.1 Lichtgestalten – Leuchtende Wesen aus Transparentpapier ✫ 13

2.2 Sternenzauber – Malen mit Plakatfarben und Schlagmetall ✫ ✫ 15

3. Dezemberzeit

3.1 Verrückter Weihnachtsmann – Collage auf Filzpappe ✫ 17

3.2 Duftende Winterlandschaft – Malen mit Salz- und Gewürzfarben ✫ 19

3.3 Engel aus Draht – Skulptur ✫ ✫ 21

3.4 Karten drucken – Styrenedruck ✫ 23

3.5 Schutzengel aus Dachlatten – Skulptur ✫ ✫ 25

4. Schneezeit

4.1 Schneekönig – Figur aus Wäscheklammern ✫ ✫ ✫ 27

4.2 Winterquartier im Schuhkarton – Räumliche Gestaltung ✫ ✫ 29

4.3 Wintertiere – Zeichnen mit Kohle und Kreide ✫ 32

4.4 Winterkinder – Skulpturen aus Bechern und Kugeln ✫ 34

4.5 Im Winterwald – Pustebilder mit schwarzer Tusche ✫ 38

Die Sternchen geben den Schwierigkeitsgrad
des Projektes an:
    ✫   leicht   Klasse 1–4
  ✫ ✫   mittel   Klasse 2–4
✫ ✫ ✫   schwer   Klasse 3–4

Vorwort

Idee

Mit diesem Buch möchten wir Lehrerinnen und Lehrern einen Ideenschatz zur Verfügung stellen, der sie und die Kinder durch die gesamte Herbst- und Winterzeit begleitet. Die vorgestellten Projekte sind auf „Alltagstauglichkeit" getestet und haben sich in der Praxis bewährt. Die benötigten Materialien und Werkzeuge werden bei den Einzelprojekten genau aufgeführt und sind einfach und kostengünstig zu beschaffen. Es gibt einen Anfangsimpuls, der auf das jeweilige Projekt einstimmt, und ergänzende praktische Tipps.

Zudem wird bei jedem Projekt ein Schwierigkeitsgrad angegeben und eine Altersempfehlung (siehe Inhalt). Um unsere Ideen umzusetzen, müssen Sie kein Kunstlehrer sein! Schon bald nach den Sommerferien können Sie mit den ersten Projekten beginnen.

Inhalt

Die vorgestellten Projekte laden zu einer kreativen Entdeckungsreise durch die Herbst- und Wintermonate ein. Es gibt vier Kapitel, die sich an den Jahreszeitenverlauf anlehnen. In der „Herbstzeit" gehen wir mit offenen Augen durch die Natur und arbeiten mit allerlei Fundstücken aus dem Wald oder Garten.

In der „Lichterzeit" spielt das Licht eine ganz besondere Rolle in unseren Kreativprojekten.

Die „Dezemberzeit" ist in jedem Jahr eine spannende und geheimnisvolle Zeit. In diesem Monat begegnen wir ganz besonderen Gästen, wie dem „Verrückten Weihnachtsmann" oder dem ein oder anderen Engel.

In der „Schneezeit" beschäftigen wir uns mit der ganz besonderen Stimmung der schneebedeckten Welt. Wir „besuchen" Tiere im Winterschlaf und lassen uns von den bizarren Formen des Winterwaldes inspirieren.

Anliegen

Mit diesem Buch möchten wir uns von gängigen Bastelbüchern abheben. Unser Anliegen ist es, ein Buch anzubieten, das praxistauglich und in der Realität des Schulalltags einsetzbar ist. Die Kreativprojekte besitzen ein hohes Niveau an künstlerischer und ästhetischer Wertigkeit. Darüber hinaus soll jedes Kind Raum für individuelle Gestaltungsweisen haben. Es gibt daher immer eine gewisse Freiheit in der Materialauswahl oder Ausgestaltung einer Arbeit. Außerdem verzichten wir auf Schablonen. Fühlen Sie sich eingeladen, auch Ihre eigenen Ideen und die der Kinder einzubringen.

Vorwort

Praktischer Hinweis

Kunstunterricht muss nicht teuer sein. Eine gute Methode, sich einen Materialfundus anzulegen, ist ein Sammelaufruf zu Beginn des Schuljahres. Geben Sie den Schülerinnen und Schülern den Auftrag, Reste von Geschenkpapier, Schleifenbändern, Stoffen, Wolle und Schnüren, hübsche Kartons, Schachteln und Dosen usw. zu sammeln und stellen Sie eine Kiste dafür zur Verfügung. Der Hinweis kann auch am ersten Elternabend an die Eltern weitergegeben werden. So entsteht mit der Zeit ein wunderbarer Fundus mit den verschiedensten Materialien.

Einige Dinge können sicher auch von der Schule angeschafft werden, wie z. B. Linoldruckrollen. Sie werden jahrelang Verwendung finden.

Wir wünschen Ihnen viel Freude bei der kreativen Entdeckungsreise durch die Herbst- und Wintermonate!

Michaela Abke und Andrea Much

1.1 Waldgeister – Skulpturen aus Naturmaterialien

Einstieg

Im Wald wohnen allerhand Lebewesen. Gibt es neben Tieren, Insekten usw. auch vielleicht kleine Waldgeister, die dort wohnen? Gehört haben wir schon von ihnen, aber wie kommt es, dass noch niemand einen gesehen hat? Tarnen sie sich vielleicht so gut, dass sie nicht zu entdecken sind? Folgende Fantasiereise hilft uns den geheimnisvollen Waldwesen auf die Spur zu kommen.

Fantasiereise: Geheimnisvoller Wald

Lege dich gemütlich hin, atme ruhig ein und aus und schließe die Augen. Wenn es dir sehr schwer fällt, kannst du deine Augen auch geöffnet lassen. Deine Gedanken kommen und gehen. Die Geräusche von außen stören dich nicht und du kommst innerlich zur Ruhe. Du bist entspannt und fühlst dich frei. Atme tief ein und aus.

Stell dir vor, du bist in einem Wald. Du siehst dich um und staunst. Um dich herum stehen viele große Bäume ganz fest in der Erde. So einen schönen Wald hast du noch nie gesehen. Du fühlst dich wohl und hast das Gefühl, die Bäume lächeln dir zu. Du musst selbst lächeln.

Du wanderst fröhlich in den Wald hinein, der immer dichter wird. Über viele Äste und Wurzeln musst du klettern. Du bist ganz vorsichtig, um die Äste nicht zu zerbrechen. Du spürst, dass mehr in ihnen steckt als nur totes Holz.

1.1 Waldgeister – Skulpturen aus Naturmaterialien

Dein Weg endet auf einer kleinen Lichtung. Du legst dich auf eine Bank und schläfst ein. In deinem Traum werden die Äste und Wurzeln um dich herum plötzlich lebendig. Sie erheben sich und laufen fröhlich durcheinander. Die kleinen Wesen treffen sich auf der Lichtung und tanzen um deine Bank herum. Es sind freundliche kleine Geschöpfe, die allerhand lustige Spiele spielen.

Du möchtest gerne mit ihnen spielen, doch als du dich von der Bank erhebst, sind die kleinen Waldwesen verschwunden.

Neben dir liegt ein schön geformter Ast auf der Bank. Du nimmst ihn in die Hand und wanderst langsam aus dem Wald heraus.

Du kehrst nun zurück in den Klassenraum. Recke und strecke dich und öffne nun deine Augen.

Wie fühlst du dich? Was hast du erlebt?

Im folgenden Projekt versuchen wir mithilfe von Fundstücken aus der Natur solche Geister oder Fantasiewesen sichtbar zu machen.

Material

- Wurzeln, Rinde, Stöcke, Blätter, Zapfen, Federn usw.
- Plakatfarben und Pinsel
- Pappteller für die Farben
- Heißkleber
- Draht, Zange, Hammer, Nägel
- Bast, Schnur, Wolle

Hinweis: Bei einem herbstlichen Waldspaziergang können die Kinder alles sammeln, was ihnen gefällt: Rindenstücke, Blätter, Früchte, Zweige, Äste, Moos, Gräser, Federn etc.

Achtung: Die Fundstücke müssen luftig gelagert werden, da sie sonst schimmelig werden und dann unbrauchbar sind.

Herstellung

Sinnvoll ist es, alle Fundstücke zu Beginn zu sichten und zu sortieren. Anschließend ist es wichtig, dass die Kinder sich mit ihrem Fundstück intensiv auseinandersetzen und ihrem Teil „Leben einhauchen". Das bedeutet, sie müssen sich überlegen, wo sich z. B. der Kopf befindet, welcher Teil der Körper sein könnte und ob ihr „Waldgeist" Gliedmaßen haben soll und mit anderen Teilen ergänzt werden muss. Diese Teile können mit Nägeln, Draht oder Heißkleber befestigt werden. Das Zusammenfügen von Einzelteilen ist eine besondere Herausforderung für die Kinder.

Achtung: Die Kinder nicht mit der Heißklebepistole alleine arbeiten lassen!

Zum Schluss bekommt der „Waldgeist" ein gemaltes Gesicht.

1.2 Blätterfest – Collage und Frottage aus Blättern

Einstieg

Der Herbst leuchtet in den schönsten Farben. Die beste Möglichkeit sich davon ein Bild zu machen, ist natürlich ein Spaziergang durch den Herbstwald. Um buntes Laub zu sammeln, reicht aber auch ein einzelner Baum auf dem Schulhof. Auch auf dem Schulweg findet sich sicher das ein oder andere schön gefärbte Blatt. Blüten von Hortensien, Rosenblätter und Gräser eignen sich ebenfalls für unsere Collage.

Für die Gestaltung der Herbstcollage sollten die Blätter und Blüten gepresst und getrocknet sein. Dafür diese einfach zwischen die Seiten eines dicken Buches legen.

Material

- feste Pappe, z. B. Rückseite vom Zeichenblock, Wellpappe oder kleinere Leinwände
- getrocknete und gepresste Blätter, Blüten und Gräser
- Schnur oder Sisalfasern
- Zeitungspapier
- Seidenpapier weiß
- Acrylbinder oder Holzleim (mit Wasser verdünnen, im Verhältnis ca. 2:1, Acrylbinder: Wasser)
- Plakat-/Gouachefarben

1.2 Blätterfest – Collage und Frottage aus Blättern

- Pappteller für die Farben
- weiche Pinsel
- Ölpastellkreiden (z. B. Jaxon®-Kreiden, alternativ Wachsmalstifte) oder
- Pastellkreiden (alternativ Tafel- oder Straßenmalkreiden)
- Haarspray zum Fixieren

Hinweis: Für dieses Projekt bietet es sich an, mehrere kleine Formate, z. B. 20 × 20 cm, in Serie zu gestalten. Somit haben die Kinder mehr Möglichkeiten sich auszuprobieren und verschiedene Bildvarianten zu gestalten. Die Einzelbilder können für die Präsentation dann wieder zusammengefasst werden, indem man sie auf eine große Platte aufklebt. So entsteht eine eindrucksvolle Herbstcollage, die schon von Weitem in den schönsten Farben leuchtet.

Herstellung

Pappe zurechtschneiden; für jedes Kind 3–4 gleich große Formate.

Blätter und Blüten werden nun auf der Pappe arrangiert. Ein Stück Schnur oder Sisal eignet sich vielleicht als Blütenstängel, die Papierreste können zu Wolken oder Landschaften gerissen und aufgelegt werden. Da in diesem ersten Schritt noch nicht geklebt wird, kann nach Lust und Laune hin- und hergeschoben werden, bis die Kinder mit der Anordnung zufrieden sind.

Bevor der Leim aufgetragen wird, alle Collagematerialien vorsichtig zur Seite schieben. Nun die Pappe mit dem verdünnten Leim einstreichen und das Collagematerial aufkleben.

1.2 Blätterfest – Collage und Frottage aus Blättern

Blätter, Blüten und sonstige Materialien auch von oben behutsam mit einer Schicht Leim bestreichen (weiche Pinsel!) und dann vorsichtig mit einem Stück Seidenpapier bedecken. Das Seidenpapier auch von oben mit einer letzten Schicht Leim bestreichen und dabei alle Luftblasen ausstreichen, damit das Papier später nicht so schnell durchweicht.

Wichtig: Alle aufgeklebten Teile sollten mit dem Seidenpapier bedeckt sein. Jetzt gut trocknen lassen!

Im nächsten Schritt werden die Bilder farbig gestaltet.
Plakatfarben stark verdünnen und die Bildfläche damit bemalen (weiche Pinsel!). Den Kindern max. drei Farben einer Farbfamilie pro Bild zur Verfügung stellen (z. B. gelb, orange, rot oder lila, pink, blau), denn zu viele Farben ergeben schnell einen braunen Farbbrei. Die Farben dürfen dann ruhig ineinanderlaufen, das ergibt schöne Effekte. Da in Serie gearbeitet wird, können die Kinder beim nächsten Bild weitere Farbkombinationen ausprobieren oder auch einfarbig arbeiten.
Bilder gut trocknen lassen. Dieser Prozess kann durch den Einsatz eines Föhns beschleunigt werden.

Zum Abschluss wählen die Kinder eine kontrastfarbige Pastell- oder Ölpastellkreide aus und streichen damit vorsichtig über die erhabenen Strukturen auf der Bildfläche. So können die Blätter und Blattmotive wieder hervorgezaubert werden.

Achtung: Falls mit Pastellkreiden gearbeitet wird, müssen die Bilder zum Abschluss mit Haarspray fixiert werden.

1.3 Herbstlandschaft mit Baum – Freies Weben ohne Schiffchen

Einstieg

Herbstzeit ist Erntezeit. Neben den geernteten Früchten bietet der Herbst eine Vielfalt an „Schätzen", die jetzt gesammelt werden können. Einige der Naturmaterialien, die der Herbst uns schenkt, eignen sich besonders für das folgende Projekt. Aus frischen Ästen und kleinen Zweigen (auch mit Fruchtständen), Gräsern und Moosen sowie textilen Materialien wird eine Webarbeit gestaltet.

Exkurs: Kleine Webkunde

Die Weberei gehört zum ältesten textilen Handwerk der Menschheitsgeschichte. Im Unterschied zum traditionellen Weben, bei dem durch eine Verkreuzung von Kette und Schuss ein Gewebe entsteht, soll die alte Kulturtechnik hier neu erfahren werden. Die Verkreuzung von Kette und Schuss nennt man „Bindung". Die einfachste Bindung ist die Leinwandbindung. Hierbei läuft der Schussfaden immer auf und ab, jeweils über bzw. unter einen Kettfaden. In der nächsten Reihe ist es umgekehrt (siehe Bild).

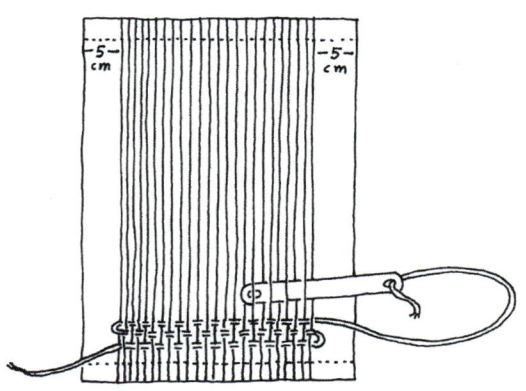

Es bietet sich an, den Kindern ein kleines gewebtes Stück Stoff (5 × 5 cm reicht aus, z. B. ein zerschnittenes Küchentuch) zur Verfügung zu stellen, welches sie „auseinanderpflücken" können. Dabei erfahren sie, wie ein Gewebe aufgebaut ist. Anschließend kann die Leinwandbindung auf einem Schulwebrahmen demonstriert werden.

1. Herbstzeit

1.3 Herbstlandschaft mit Baum – Freies Weben ohne Schiffchen

Die künstlerische Auseinandersetzung mit dem freien Weben und der Umgang mit unterschiedlichen textilen und nichttextilen Materialien bietet Kindern vielfältige Möglichkeiten, Kreativität zu entwickeln und Fantasie auszuleben.

Material

- Drahtgeflecht (z. B. Kaninchendraht) als Webträger
- Draht, Zange, Seitenschneider
- Wolle, Fäden, Bänder, Stoffreste
- Blätter, Moosstreifen, Gräser, biegsame Stöckchen (z. B. Weide)

Achtung: Der Kaninchendraht bekommt bei der Teilung spitze Drahtenden. Da hier Verletzungsgefahr besteht, sollten die Enden umgebogen und gegebenenfalls mit einem Streifen Klebeband gesichert werden.

Herstellung

Die Drahtrolle wird in ca. 50 cm breite Stücke geteilt. Nun werden die Materialien gesichtet und es wird überlegt, was sich für die Herbstlandschaft eignet und welche Farben vornehmlich im Herbst zu finden sind.

Im Prinzip kann alles in den Draht hineingewebt werden, lediglich Stoffe sollten vorher in Streifen gerissen werden.

Hinweis: Die entstandenen Werke kann man sowohl an jede Wand als auch sehr gut ins Fenster hängen.

2.1 Lichtgestalten – Leuchtende Wesen aus Transparentpapier

Einstieg

Wie schön ist es doch, wenn es im Herbst schummrig wird, in den Häusern viele Lichter leuchten und für Gemütlichkeit sorgen. Kleine Lichtgestalten können die Kinder durch die dunkle Jahreszeit begleiten und bei Feiern eine schöne Tischdekoration sein. Auch als Weihnachtsgeschenk eignen sie sich gut. Unsere Lichtgestalten werden in Kleistertechnik hergestellt und bekommen einen stabilen Standfuß, damit sie nicht umkippen können.

Material

- weißes Transparentpapier oder Seidenpapier
- Luftballons
- Kleister
- Schälchen
- Paketschnur
- getrocknete und gepresste Blätter
- Tonpapier
- Bierdeckel oder Kreise aus fester Pappe
- Musterklemmen

Achtung: Wir empfehlen die Teelichter in ein Glas zu stellen. Aus Sicherheitsgründen sollten die kleinen Lichtgestalten niemals unbeaufsichtigt brennen.

2.1 Lichtgestalten – Leuchtende Wesen aus Transparentpapier

Herstellung

Ein runder Luftballon wird bis auf einen Durchmesser von ca. 15 cm aufgeblasen und verknotet. Anschließend wird er mit weißen Transparentpapierschnipseln in 3–4 Schichten umkleistert. Dabei wird oben eine ca. 8–10 cm große Öffnung gelassen. Die Öffnung kann zuvor mit einem wasserfesten Stift auf dem Ballon markiert werden.

Bevor die letzte Transparentpapierschicht aufgeklebt wird, können verschiedene Dinge eingearbeitet werden. Gut geeignet sind getrocknete Blüten und Blätter. Auch ein Gesicht aus Tonpapier kann gestaltet werden. Während der Bearbeitung und zum Trocknen kann der Ballon auf einem Schälchen oder einem Becher abgelegt werden.

Nach dem Trocknen bekommt die kleine Lichtgestalt Arme, indem dicke Paketschnur durch zwei kleine Löcher an den Seiten angebracht wird. Am Ende einen Knoten machen – und fertig. Damit das Lichtwesen auch im Alltag standfest ist, bekommt es einen stabilen Fuß. Eine dauerhafte Lösung ist die Anbringung eines Pappkreises mit einer Musterklammer (siehe Skizze).

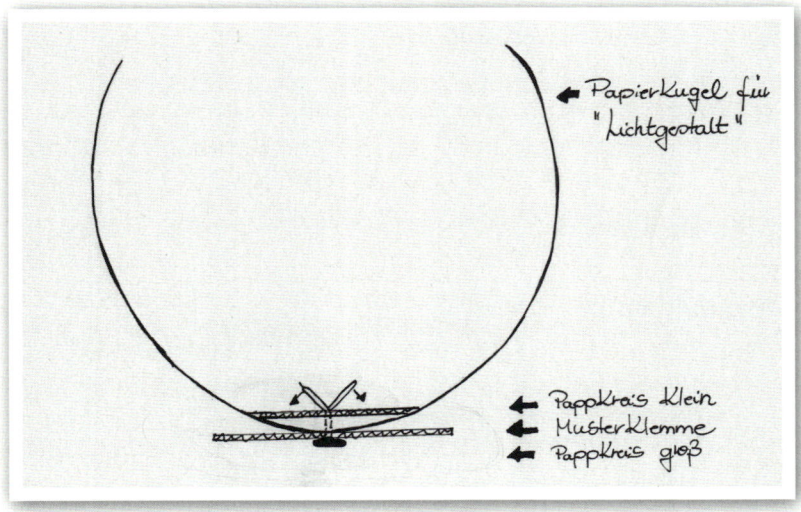

2.2 Sternenzauber – Malen mit Plakatfarben und Schlagmetall

Einstieg

Winterzeit ist Geschichtenzeit! Als Einstimmung für unser „Sternenzauberbild" eignet sich das Bilderbuch „Der Sternenbaum" von Gisela Cölle oder aber das gute alte Märchen vom „Sterntaler".

Außerdem sind dunkle, lange Winterabende prima, um selbst einen Blick auf den echten Sternenhimmel zu richten. Vielleicht kann der ein oder andere von seinen Beobachtungen berichten.

Material

- festes Papier oder Tonkarton
- Plakatfarben in Grau, Dunkelblau, Lila, Weiß, Braun, Rot, Gelb und Grün (Acrylfarben eigenen sich noch besser, da sie viel schneller trocknen)
- Pappteller für die Farben
- Kreppklebeband
- kleine Schwämmchen
- Kleister
- Pinsel
- Schlagmetall in Gold oder Silber (Bastelbedarf), alternativ Alufolie
- etwas Acrylbinder oder Holzleim (mit Wasser verdünnt, im Verhältnis ca. 2:1, Acrylbinder : Wasser)

2.2 Sternenzauber – Malen mit Plakatfarben und Schlagmetall

Hinweis: Die Anschaffung von Acrylbinder lohnt sich, da er sehr ergiebig ist und für viele Techniken verwendet werden kann.

Herstellung

Papier rundherum mit Kreppband auf eine feste Unterlage aufkleben (z. B. auf die Rückseite eines Zeichenblocks). So kann das Papier bei der Bearbeitung nicht verrutschen und ganz nebenbei entsteht ein schöner, weißer Rand, der das Bild einrahmt.

Die Farbtöne Dunkelblau, Grau, Lila und Weiß werden in kleinen Mengen auf den Teller gegeben. Jedes Kind bekommt als Malwerkzeug einen kleinen Schwamm. Der Schwamm wird in jede der Farben kurz eingetaucht. Dann wird das Papier mit der Farbe eingestrichen. Die verschiedenen Farbtöne mischen sich zu einem dunklen, aber nicht einfarbigen Hintergrund. Den Vorgang solange wiederholen, bis das ganze Papier mit Farbe bedeckt ist. Gut trocknen lassen. Bei Acrylfarben geht das sehr schnell, bei Plakatfarben kann man mit dem Föhn nachhelfen.

In der Zwischenzeit das Seidenpapier in kleinere Stücke reißen. Für die Schneelandschaft den unteren Rand des Bildes mit verdünntem Leim einstreichen und mit dem Seidenpapier bekleben. Auch Schneemänner können auf diese Weise entstehen. Aufgeklebtes Seidenpapier auch von oben mit Leim bestreichen, damit es gut hält. Weitere Motive wie z. B. Figuren, Bäume, Schlitten etc. können mit Pinsel und Farbe hinzugefügt werden.

Zum Schluss werden die Sterne gestaltet. Die vorgesehenen Stellen mit verdünntem Leim einstreichen, das Schlagmetall vorsichtig auflegen und mit dem Pinsel andrücken. Wenn Alufolie für die Sterne verwendet wird, den Leim unverdünnt auftragen.

Das Bild erst von der Unterlage lösen, wenn es vollständig getrocknet ist.

3.1 Verrückter Weihnachtsmann – Collage auf Filzpappe

Einstieg

Weihnachtsmänner haben einen roten Mantel, oder vielleicht doch einen grünen? Warum kann ein Weihnachtsmann nicht auch rote Haare haben? Und den lilafarbenen Sack hat er gebraucht gekauft. Mithilfe verschiedener Collagematerialien wollen wir diesen Fragen auf den Grund gehen und ganz individuelle Weihnachtsmänner gestalten.

Material

- Dämmfilz in Grau (günstig als 10 m-Rolle im Baumarkt oder Malerbedarf) oder Packpapier
- Wandfarbe oder Plakatfarbe in Weiß
- Spachtelmesser aus Kunststoff (alternativ alte Plastikkarten oder Stücke aus fester Pappe)
- Kleister
- weiche Haarpinsel (nicht zu fein!)
- Seidenpapier (ausfärbend) in verschiedenen Farben und in Weiß
- Papierreste (z. B. Buntpapier, Geschenkpapier, Packpapier, Zeitungspapier, Strohseide etc.)
- Kordel-, Schnur- und Wollreste (z. B. Paketkordel, Naturbast, farbige Sisalfasern, Geschenkkordel in Silber oder Gold)
- Streuglitzer und Sternchen
- Bunt- oder Wachsmalstifte

Diese Materialliste soll als Anregung dienen und kann beliebig ergänzt werden.

3.1 Verrückter Weihnachtsmann – Collage auf Filzpappe

Hinweis: Es ist empfehlenswert den Kindern für die Collage nur bedingt Scheren zur Verfügung zu stellen (z. B. um Schnüre und Wolle zu schneiden). Sämtliche Formen aus Papier sollten nur gerissen werden. Die gerissenen Kanten erhöhen den optischen Reiz der Arbeit und die Kinder erfahren die „Schönheit des Unperfekten".

Herstellung

Die Filzpappe oder das Packpapier wird in ca. 30 × 40 cm große Stücke geschnitten oder auch gerissen (Achtung: vorher falzen!) und mithilfe der weißen Wandfarbe und des Spachtels grundiert. Die Farbe muss die Pappe nicht vollständig bedecken; es darf rundherum ein Rand von ca. 4–5 cm bleiben. Somit ergibt sich eine Art Passepartout für das Motiv. Die grundierte Pappe muss ca. 1,5–2 Stunden trocknen bevor sie weiter bearbeitet werden kann. Wenn die Filzpappe vorbereitet ist, kann die Gestaltung des Weihnachtsmannes beginnen. Die Schülerinnen und Schüler sichten den Fundus und überlegen gemeinsam aus welchen Materialien z. B. die Kleidung oder die Frisur gestaltet werden können.

Im folgenden Schritt werden die ausgewählten Materialien in Form gerissen bzw. geschnitten und auf die vorbereitete Pappe aufgelegt. Erst danach wird die Pappe mit Kleister eingestrichen und die Materialien werden aufgeklebt. Hierbei ergeben sich oft interessante Farbschattierungen, durch die Überlappung verschiedener Papiere oder das Arbeiten in mehreren Schichten. Das feuchte Papier kann auch verschoben werden, um Faltenstrukturen zu schaffen. Experimentieren ist erwünscht!

Zum Abschluss können Teilbereiche der Collage mit Streuglitzer bestäubt werden, denn ein Weihnachtsmann braucht auch ein bisschen Glanz!

Details, wie z. B. das Gesicht oder auch die Schuhe, können später mit Stiften ausgestaltet werden. Hierzu muss die Collage jedoch erst getrocknet sein.

3.2 Duftende Winterlandschaft – Malen mit Salz- und Gewürzfarben

Einstieg

Der Winter steht vor der Tür und damit die Advents- und Weihnachtszeit. Eine Zeit mit Kerzenlicht, Schnee oder Raureif auf den Dächern, Bastelaktivitäten und Heimlichkeiten, oft aber auch mit ganz bestimmten Gerüchen. Hierzu gehört ganz besonders der Duft nach Tannengrün und Orangen sowie der Zimt- und Zuckerduft der selbst gebackenen Plätzchen.

Im nachfolgenden Projekt wollen wir Bilder gestalten, die nicht nur mit den Augen zu erfassen sind. Diesmal sind auch unsere Hände gefragt, um verschiedene Texturen zu erfühlen und die Nase darf schnuppern. Bevor es an die Arbeit geht, können die Düfte zunächst von den Kindern erraten werden. Füllen Sie die zur Verfügung stehenden Düfte und Gewürze in neutrale Behälter und lassen Sie die Kinder riechen. Wer erkennt welchen Duft?

Material

- Packpapier von der Rolle
- Plakatfarbe in Weiß und Braun
- Kochsalz
- Wintergewürze gemahlen, z. B. Zimt und Anis
- Duftöl Orange und Tannennadel
- Gefäße zum Anrühren der Farben, z. B. Joghurtbecher
- Pinsel
- Watte in Weiß
- Silber- oder Goldpapier
- Streuglitzer oder Sterne
- Bastelkleber

3.2 Duftende Winterlandschaft – Malen mit Salz- und Gewürzfarben

Herstellung

Das braune Packpapier von der Rolle im gewünschten Format zuschneiden, z. B. in DIN-A3 (bitte nicht kleiner!). Nun werden die fertigen Plakatfarben (weiß und braun) in Becher gefüllt. In die weiße Farbe wird Salz eingerührt, die braune Farbe kann mit Zimt, Anis oder mit einem der Duftöle verrührt werden. Für die Kinder ist bei diesem Projekt sicher das Anrühren der Farben der spannendste Teil. Planen sie also genug Zeit zum Experimentieren ein. Da nur zwei Farben zur Verfügung stehen, dürfen ruhig mehrere Farbtöpfchen pro Kind angerührt und dann weitergereicht werden.

Sind die Farben angerührt, geht es weiter mit der Gestaltung unserer Winterbilder. Mit der weißen „Salzfarbe" lassen sich auf dem braunen Packpapier schöne Winterlandschaften, Schneehügel und Schneemänner malen. Wenn die Farbe getrocknet ist, bekommt sie durch das Salz eine schöne Struktur und schimmert leicht. Durch das Aufstreuen von Glitzer kann man diesen Effekt verstärken. Mit der braunen Farbe können Bäume, kleine Tiere oder der Besen des Schneemanns gemalt werden. Mit der duftenden Farbe zu malen ist ein sehr sinnliches Erlebnis für die Kinder. Auch nach Tagen werden sie immer mal wieder an ihren Bildern schnuppern.

Um das Winterbild zu vollenden, können weiche Schneewolken oder Schneeflocken aus Watte aufgeklebt werden. Aus Gold- oder Silberpapier können die Kinder Sterne ausschneiden und als Glanzpunkte an den Himmel kleben.

Hinweis: Da mit dem Packpapier auch große Formate realisiert werden können, eignet sich dieses Projekt auch gut für eine Gruppen- oder Gemeinschaftsarbeit.

3.3 Engel aus Draht – Skulptur

Einstieg

Engel sind zarte, durchscheinende Wesen mit Flügeln. Das ist für die meisten Kinder völlig klar. Aber wie sehen Engelskleid, die Frisur und die Schuhe eines Engels aus? Mithilfe verschiedener Materialien wollen wir diesen Fragen auf den Grund gehen und ganz individuelle Engel gestalten.

Als Einstieg bietet sich eine Buchbetrachtung an, z. B. „Engel braucht Hilfe" von I. und D. Schubert.

Material

- Aludraht oder anderer stabiler aber biegsamer Draht (z. B. Kabeldraht aus dem Baumarkt)
- Seitenschneider
- Stoffreste, Tüll, Mullbinden
- Märchenwolle, Watte
- Seidenpapier, Tortenspitze
- Lametta
- Federn
- Knöpfe
- Wolle, Fäden und Bänder
- Nadel und Faden
- Holzklötzchen (Dachlatte) oder Birke

3.3 Engel aus Draht – Skulptur

Herstellung

Für eine Skulptur benötigt eine Schülerin/ein Schüler ca. 1 m Draht. Aus diesem Draht wird die äußere Form des Engels gebogen.

Zuerst sollte die Drahtmitte gefunden werden und der Kopf gebogen werden, dann die Flügel. Die Körperform ergibt sich von alleine. Anschließend ist es sehr hilfreich für die Kinder den Drahtengel auf dem Sockel zu fixieren, bevor er weitergestaltet wird.

Jetzt können Haare angeknotet oder aufgeklebt werden. Die Flügel können mit Seidenpapier, Tüll oder Mull beklebt werden oder mit Fäden umwickelt werden. Ein Kleid aus Stoff kann beispielsweise um den Körper gebunden, gewickelt oder angenäht werden. Der Fantasie und dem Einfallsreichtum der Kinder sind hierbei keine Grenzen gesetzt.

Für einen Sockel eignet sich ein Birkenklötzchen hervorragend und es sieht auch besonders dekorativ aus, alternativ ein Stück Dachlatte. Notfalls kann ein Stück Knete oder Ton als Sockel dienen. Das Holz bekommt zwei kleine Bohrungen, in die die Drahtenden hineingesteckt werden.

Hinweis: Die Skulpturen, die hier entstehen, haben einen hohen spielerischen Wert und können gut in einem selbst ausgedachten Theaterstück oder Schattenspiel eingesetzt werden.

3.4 Karten drucken – Styrenedruck

Einstieg

Selbst gedruckte Karten bieten sich in der Winter- und Weihnachtszeit an, um z. B. Einladungen zu gestalten oder hübsche Weihnachtskarten für die ganze Familie herzustellen. Motive können Engel, Schneemänner, Schneeflocken, Weihnachtsmänner, Nikolause, Tannenbäume, Sterne, Schlittenfahrt usw. sein.

Material

- Styreneplatten (günstig sind Polyblock-Druckplatten oder Styropor-Verpackungen)
- Farbwalze
- Pappteller oder Fliesen zum Ausrollen der Farbe
- stumpfe Bleistifte oder Buntstifte
- Schulmalfarben oder Linoldruckfarbe
- Zeichenpapier für den Entwurf
- farbiger Zeichenkarton

3.4 Karten drucken – Styrenedruck

Herstellung

Die Styreneplatten lassen sich leicht und problemlos in die gewünschte Größe schneiden. Mit einem stumpfen Bleistift wird ein Motiv in die Platte eingedrückt. Die Farbe wird auf einen Pappteller oder – falls vorhanden – auf eine glatte Fliese aufgetragen. Die Walze wird durch die Farbe gerollt, bis sich ein gleichmäßiger Farbauftrag auf der Rolle befindet. Als Hilfe kann man den Kindern sagen, wenn die Farbe beim Rollen mit der Walze „knistert" ist der Farbauftrag richtig, „schmatzt" die Farbe, ist zu viel Farbe auf der Walze. Mit diesem Hinweis wird es ganz leise in der Klasse, denn die Kinder sollen ja genau hinhören!

Jetzt kann die Farbe auf die Druckplatte aufgewalzt werden. Anschließend wird ein Blatt Papier auf den Druckstock gelegt, gleichmäßig angedrückt und abgezogen. Fertig ist der erste Druck.

Mit einem Farbauftrag können ein oder zwei Drucke gemacht werden, dann erfolgt ein neuer Farbauftrag. Das Motiv kann in Serie abgedruckt werden, zum Beispiel auch auf unterschiedlichen Papierarten oder farbigem Papier. Der Vorgang kann beliebig wiederholt werden. Auch mehrfarbiger Farbauftrag ist möglich.

3.5 Schutzengel aus Dachlatten – Skulptur

Einstieg

Manchmal, wenn man einfach nicht einschlafen kann, tut es gut an seinen Schutzengel zu denken. Der ist immer da, ist groß und stark und den haut so schnell nichts um. Kinder haben eine genaue Vorstellung von ihrem Engel. Bei diesem Projekt wollen wir einen starken Schutzengel gestalten, der auf der Fensterbank oder dem Schreibtisch stehen kann und die Kinder durch den Alltag begleitet.

Material

- Reststücke von Dachlatten oder andere Holzreste (mind. 2 cm tief, damit die Engel gut stehen), im Baumarkt oder beim Schreiner fragen
- Acryl- oder Gouachefarben/Plakatfarben
- Pappteller für die Farbe
- Wolle und Schnur
- dicker Draht z. B. Aludraht oder Kabeldraht (Baumarkt), alternativ Transparentpapier für die Flügel
- Pinsel
- Reste von Gardine oder Goldlitze
- Knöpfe oder Perlen
- Holzleim oder Bastelkleber

3. Dezemberzeit

3.5 Schutzengel aus Dachlatten – Skulptur

Herstellung

Wenn es sich nicht schon um Holzstücke handelt, Dachlatten auf entsprechende Länge sägen. Hierbei dürfen ruhig unterschiedlich große Stücke entstehen, schließlich sind auch nicht alle Engel gleich groß! Für den Fall, dass Engelsflügel aus Draht gearbeitet werden sollen, müssen die Holzstücke an den Seitenkanten vorgebohrt werden (zwei Löcher pro Seite).

Den oberen Teil der Dachlatte rundherum mit Farbe für das Gesicht bemalen. Den unteren Teil der Dachlatte mit einem anderen Farbton für das Kleid bemalen. Nachdem die Farbe angetrocknet ist, kann das Gesicht aufgemalt und das Kleid ausgestaltet werden (z. B. Kragen, Knöpfe, Saum, Muster etc.). Alles gut trocknen lassen!

Wenn die Farben getrocknet sind, bekommt der Engel eine Frisur aus Wollresten oder Schnur. Zum Kleben eignet sich Holzleim oder Bastelkleber. Das Kleid kann mit Spitze, Goldlitze und Knöpfen verziert werden.

Das Wichtigste fehlt natürlich noch: die Flügel! Hierfür gibt es zwei Varianten. Die Flügel können aus Transparentpapier gerissen und an den Rücken angeklebt werden. Die etwas aufwendigere, aber sehr schöne Variante, sind Flügel aus Draht. Hierfür ist es notwendig, dass die Dachlatten oder Holzstücke vorgebohrt sind. Eine einfache Flügelform aus Draht biegen und die Enden in die beiden Bohrungen stecken. Eventuell mit etwas Holzleim fixieren. Notfalls kann man auch mit dünnem Bindedraht arbeiten, der zur Befestigung um den Körper gewickelt wird.

Hinweis: Den Kindern macht es sicher großen Spaß, sich einen Namen für ihren Engel auszudenken und ihn feierlich zu taufen. Für eine Ausstellung kann man die ganze „Engelbande" wunderbar auf einem Tisch oder auf der Fensterbank dekorieren.

4.1 Schneekönig – Figur aus Wäscheklammern

Einstieg

Die langen, dunklen Abende in den Wintermonaten sind die beste Zeit, um sich durch Geschichten in die Welt der Märchen- und Phantasiewesen entführen zu lassen (z. B. „Die Schneekönigin" von H. C. Andersen). Auf diese Weise entstand auch die Idee für unseren Schneekönig, der natürlich auch eine Schneekönigin sein kann.

4.1 Schneekönig – Figur aus Wäscheklammern

Material

- Holzwäscheklammern mit Rundkopf (Bastelbedarf)
- Plakatfarbe in Rot, Orange, Weiß
- Buntstifte
- Stoffreste, Gardinen, Spitze, Goldlitze
- Wollreste
- Silberdraht
- Metallfolie oder Gold-/Silberpapier
- Zange, Schere
- kleine Perlen
- Bastelkleber

Herstellung

Zuerst wird aus den Plakatfarben Rot, Orange und Weiß ein Hautfarbton gemischt und der Kopf bemalt. Wenn die Farbe getrocknet ist, kann mit Buntstiften ein zartes Gesicht aufgemalt werden. Für das Kleid wird ein schöner Stoffrest ausgesucht und auf die entsprechende Größe zurechtgeschnitten (ca. 14 × 7 cm). Wer mag kann auch noch Goldlitze am unteren Rand des Kleides aufkleben oder einige Fäden herausziehen (so ergibt sich eine fransige Kante). Nun wird der Stoffstreifen um die schmalste Stelle der Wäscheklammer gelegt und mit Silberdraht mehrfach fest umwickelt. Dann die Enden des Silberdrahtes gut miteinander verdrehen, aber noch nicht abschneiden. Daraus kann man eine Kette für den König biegen.

Für die Frisur können Wollreste oder Draht verwendet werden. Die Wollreste werden mit Bastelkleber am Kopf festgeklebt. Der Draht wird wieder durch Umwickeln befestigt. Es sieht sehr schön aus, wenn vorher kleine Perlen auf den Draht gefädelt werden. Was ist ein echter König ohne Krone? Die Krone kann aus Metallfolie oder Goldpapier ausgeschnitten und aufgeklebt werden.

Hinweis: Die Schneekönige sind eine hübsche Dekoration für einen Zweig vom Obstbaum oder einen Tannenzweig. Man kann sie mit der Klammer einfach aufstecken und schon wippen sie in den Zweigen auf und ab.

4.2 Winterquartier im Schuhkarton – Räumliche Gestaltung

Einstieg

Im Winter leben tief in der Erde, sehr zurückgezogen, allerhand Tiere und warten auf den Frühling. Regenwürmer, Schnecken, Spinnen, Asseln und Käferlarven, auch Engerlinge genannt, haben sich in tiefere frostfreie Erdschichten begeben. Engerlinge, z. B. vom Maikäfer, verbringen ca. drei Jahre in der Erde, bevor sie als Käfer aus der Erde krabbeln. In dieser Zeit machen sie es sich in der Erde gemütlich, wie die folgende Geschichte zeigt.

> *Eduard und Elfriede*
>
> Tief in einem Komposthaufen lebte einst ein Engerling namens Eduard. Er hatte sich ein gemütliches Stübchen eingerichtet und war mit seinem Leben recht zufrieden. Nur manchmal fühlte er sich ein bisschen einsam und sehnte sich nach einem Freund mit dem er plaudern konnte.
>
> Immer wenn er hungrig war, brauchte er nur vor seine Tür zu krabbeln, denn dort gab es die tollsten Leckerbissen. Besonders gern aß er die zarten Wurzelspitzen, die rund um seine

4.2 Winterquartier im Schuhkarton – Räumliche Gestaltung

Behausung zu finden waren. Eduard war mittlerweile schon zu einem stattlichen Engerling herangewachsen. Für den nächsten Mai hatte er sich vorgenommen als Maikäfer an die Oberfläche zu kriechen und die Welt dort oben zu entdecken. Vielleicht würde er dort ja einem netten Weibchen begegnen?

Elfriede hatte nicht so viel Glück. Sie lebte zwar in demselben Komposthaufen, doch sie saß in einem Lehmklumpen fest. Der Lehm um sie herum war so fest, dass sie es nicht schaffte dort herauszukommen. Hier gab es kaum etwas zu fressen und sie schlief jeden Abend mit knurrendem Magen ein. Eines Tages fing sie vor lauter Langeweile an, an die Lehmwand zu klopfen. Es gab ja sonst nichts zu tun.

Eduard machte gerade ein Mittagsschläfchen, als er das Klopfen hörte. Wer wagte es, ihn zu stören? Ärgerlich machte er sich auf die Suche nach dem Störenfried. Er krabbelte in Richtung Klopfgeräusch und traf auf den Lehmklumpen. Sofort begann der starke Eduard zu graben und schon nach kurzer Zeit fiel er in eine winzig kleine Höhle. Fast wäre er auf einem kleinen Engerling-Mädchen gelandet.

Im Gegensatz zu ihm war sie sehr zierlich und klein. „Hast du etwas zu Essen dabei?" fragte Elfriede hoffnungsvoll. „Nein", antwortete Eduard, „aber komm doch mit zu mir. Bei mir gibt es Leckerbissen in Hülle und Fülle." Gemeinsam krabbelten die beiden in Eduards Stübchen. Von diesem Tag an musste Elfriede nicht mehr Hunger leiden und Eduard hatte endlich jemanden zum Plaudern.

Ende April machten sich die beiden auf, an die Oberfläche zu krabbeln, der Wärme entgegen. Und wer weiß? Vielleicht sind sie sich ja beim Maikäferflug wieder begegnet? Was meinst du?

Material

- Schuhkarton, Kiste
- Stoffreste
- Märchenwolle, Watte
- Schnüre, Fäden, Draht
- Schere, Seitenschneider
- Bastelkleber oder Holzleim
- kleine schwarze Perlen
- Korken
- Rindenstücke
- Zweige, Blätter, Gräser
- Zapfen
- Wandfarbe in Naturtönen
- Pappteller und Pinsel

4.2 Winterquartier im Schuhkarton – Räumliche Gestaltung

Herstellung

Es empfiehlt sich, den Karton mit einem warmen Naturton von innen zu grundieren. Anschließend wird der Karton mit Stoffresten und Naturmaterialien ausgekleidet. Es können kleine Möbel gebaut werden, eine Vorratskammer angelegt werden. Fantasie und Einfallsreichtum sind hier gefragt!

Die Engerlinge werden aus einem gerollten Stück Märchenwolle oder Watte gefertigt, das anschließend mit Kordel umwickelt wird. Noch zwei kleine Perlen als Augen aufkleben und fertig!

Hinweis: Eine größere Menge dieser Kartons – neben- und übereinander – bilden eine schöne Gemeinschaftsarbeit, mit vielen Wohnstübchen für allerlei Getier.

4.3 Wintertiere – Zeichnen mit Kohle und Kreide

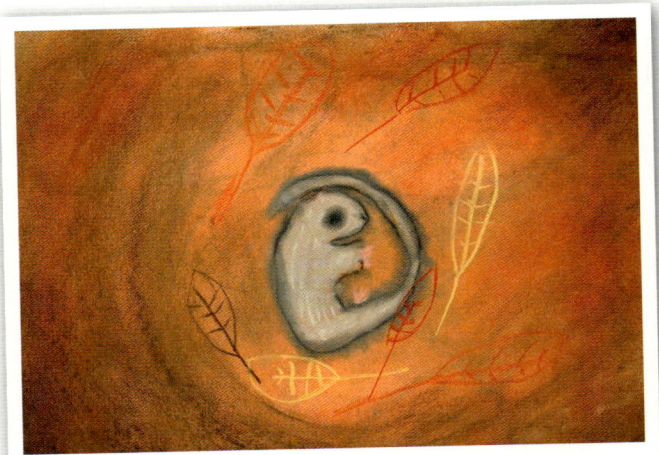

Einstieg

Wenn draußen die Welt im Frost erstarrt und der Boden von einer dicken Schneedecke bedeckt ist, halten viele Tiere Winterruhe oder Winterschlaf. Igel, Fuchs, Maus und Co. verkriechen sich in ihren Bau oder bauen sich ein gemütliches Nest aus Blättern. Andere Tiere sind auch im Winter aktiv. So zum Beispiel das Eichhörnchen oder die Vögel. Für unser folgendes Projekt ist es hilfreich, mit den Kindern Bilder von heimischen Tieren zu betrachten. Schauen Sie im Internet unter dem Schlagwort „Tiere im Winterschlaf". Vielleicht gibt es auch Kinder, die Tiere in der freien Natur beobachten können, z. B. im Garten. Gemeinsam wird überlegt, wie die Tiere wohl den Winter verbringen. Danach halten die Kinder ihre Eindrücke und Ideen mit Kreide und Kohle fest.

Hinweis: Das Arbeiten mit Kreide ist eine sehr staubige Angelegenheit, aber Kreide kann restlos aus der Kleidung entfernt werden.

Material

- Papier (Zeichenblock DIN-A3)
- Pastellkreiden (in gedeckten Farben, z. B. Brauntöne, Ocker, Grau, Weiß und Schwarz)
- Zeichenkohle
- Laub und Blätter (wenn vorhanden getrocknet und gepresst)
- Haarspray zum Fixieren

Herstellung

Begonnen wird mit dem Hintergrund des Bildes. Pastellkreiden sind hochpigmentiert und daher recht sparsam im Gebrauch. Um eine große Fläche zu füllen, sollte man die Kreide flächig auftragen und mit leichtem Druck über das Papier streichen. Die Kinder müssen oft erst ein Gefühl für den Umgang mit dem Material entwickeln. Häufig drücken sie am Anfang viel zu fest auf. Beginnen Sie deshalb mit Schwungübungen auf dem Papier.

4.3 Wintertiere – Zeichnen mit Kohle und Kreide

Lassen Sie die Kinder ruhig mehrere Bilder hintereinander gestalten, um auszuprobieren welche Möglichkeiten die Kreide bietet. Danach darf die Kreide mit den Händen verwischt werden. So entstehen weiche Farbübergänge. Durch die schwingende, kreisende Linienführung ergeben sich oft runde, bauchige Formen, die an Höhlen oder Mulden erinnern. Auf anderen Bildern deutet sich vielleicht eine Art Landschaft an. Drehen Sie die Bilder beim Betrachten und geben Sie den Kindern Raum für eigene Ideen!

Jetzt fehlen noch die Tiere, die das Bild bevölkern sollen. Für die weitere Ausgestaltung des Bildes mit Details und für das Zeichnen der Tiere, wird die Kreide oder Kohle nun wie ein Zeichenstift verwendet. Wenn Linien nicht gelingen, können diese ganz leicht wieder verwischt werden. Das macht auch Kindern Mut, die nicht so geschickt beim Zeichnen sind.

Ganz zum Schluss können getrocknete Blätter unter die Zeichnung gelegt werden. Mit der flachen Kreide werden die Blattstrukturen durchgerieben. So entsteht ein sehr realistisch wirkendes „Blätterbett" für die Tiere. Um die mit Kreide oder Kohle gestalteten Bilder zu fixieren, kann man einfaches Haarspray verwenden.

Das Besondere an der Arbeit mit Kohle oder Kreide ist für Kinder der intensive Kontakt mit dem Arbeitsmaterial. Hier darf mit den Fingern gemalt werden! Die Kinder im Atelier haben diesem Material deshalb den liebevollen Namen „Streichelkreide" gegeben.

4.4 Winterkinder – Skulpturen aus Bechern und Kugeln

Einstieg

Alle Kinder freuen sich auf den ersten Schnee. Wenn er dann endlich da ist, geht es nach draußen in die weiße Pracht. Dick eingepackt in Winterjacke, Mütze, Schal und mit Handschuhen kann uns die eisige Schönheit nichts anhaben.

Material

- kleine und größere Joghurtbecher
- Styroporkugeln oder Wattekugeln in verschiedenen Größen
- Kastanienbohrer oder Prickelnadel
- Kreppklebeband
- Scheren
- Pfeifenreiniger
- Zeitungspapier
- Kleister
- Plakatfarben (oder Acrylfarben) in Weiß und bunten Farben
- Pappteller für die Farben
- Pinsel

4.4 Winterkinder – Skulpturen aus Bechern und Kugeln

Für die Landschaft
- größere stabile Pappe, z. B. Graupappe oder Wellpappe
- Zeitungspapier und Kleister
- Plakatfarbe in Weiß
- Salz, eventuell Glitzerstreu

Herstellung Winterkinder

Die Joghurtbecher und Kugeln bilden die Basis für unsere „Winterkinder". Wir stellen den Joghurtbecher auf den Kopf und bohren im oberen Drittel rechts und links vorsichtig ein Loch mithilfe eines Dorns oder Kastanienbohrers. Anschließend wird ein Pfeiffenreiniger durch ein Loch, dann durch den Becher hindurch und an der anderen Seite wieder herausgeführt (= Arme). Die Enden des Pfeiffenreinigers umbiegen und fertig sind die Hände.

Im nächsten Schritt wird die Kugel für den Kopf mithilfe von Klebeband auf dem Becher fixiert. Das Klebeband kann auch eingesetzt werden, um die dünnen Arme zu verstärken, den Hals zu modellieren oder das Grundgerüst für eine Kopfbedeckung zu formen.

Im folgenden Arbeitsschritt wird das Grundgerüst für die Figur mit Pappmaschee ummantelt. Hierfür Zeitungspapier in kleine Stücke oder Streifen reißen, in Kleister tauchen und die Figur rundherum damit bekleben. Es sollten mindestens zwei Papierschichten geklebt werden. Außerdem können Details, wie z. B. eine Mütze, ein Schal oder Knöpfe, mit zusammengeknülltem Zeitungspapier und Kleister gestaltet werden. Im Anschluss muss die Figur gut trocknen (mindestens 3–4 Tage!).

4.4 Winterkinder – Skulpturen aus Bechern und Kugeln

Wenn das „Winterkind" gut durchgetrocknet ist, kann mit der Bemalung begonnen werden.
Damit keine Zeitungsschlagzeilen durchschimmern und die Farben schön leuchten, die Figur einmal mit weißer Farbe grundieren. Danach kann mit bunten Farben weitergearbeitet werden.

4.4 Winterkinder – Skulpturen aus Bechern und Kugeln

Herstellung Winterlandschaft

Als Basis für die Winterlandschaft dient eine große, stabile Pappe. Mithilfe von Zeitungspapier und Kleister modellieren wir eine Landschaft, die anschließend mit weißer Farbe bemalt wird. Hierfür eignet sich die „Salzfarbe" aus dem Projekt „Duftende Winterlandschaft" (3.2). Auch ein wenig Glitzerstreu sieht immer schön aus. Die Herstellung der Winterlandschaft ist sicher in einer Gruppenarbeit besser zu bewältigen, da eine recht große Fläche bearbeitet werden muss.

Hinweis: Die hügelige Winterlandschaft ist nur eine Option. Natürlich können die Winterkinder auch auf der Fensterbank mit ein bisschen Watte als Schnee dekoriert werden.

4.5 Im Winterwald – Pustebilder mit schwarzer Tusche

Einstieg

Im Winter sieht der Wald ganz anders aus als bei Spaziergängen im Sommer oder im Herbst. Es gibt jetzt kaum noch Farben, aber dafür sind die bizarren Formen der Zweige und Äste gut zu erkennen. Besonders in der Dämmerung entwickelt sich eine ganz besondere Stimmung. Die kahlen Bäume können dann auch ein wenig gespenstisch aussehen. Aus einem alten Baumstumpf wird plötzlich ein großer Troll! Um die Wahrnehmung der Kinder für die bizarren Formen der Äste und Zweige im Winterwald zu schärfen, kann man auch mit einem Schattentheater arbeiten. Mithilfe einer hellen Lampe werden die Schatten von kahlen Ästen und Zweigen an eine Wand geworfen. Es entstehen überraschende Formen, durch die die Fantasie der Kinder angeregt wird.

Im folgenden Projekt werden Bäume und sonstige Wesen im Winterwald mit Tusche gestaltet.

4.5 Im Winterwald – Pustebilder mit schwarzer Tusche

Material

- Zeichenpapier DIN-A3
- eventuell etwas Holzasche aus dem Kamin
- schwarze Zeichentusche (alternativ schwarze Wasserfarbe)
- standfeste Gefäße, z. B. Marmeladengläser
- weiche Haarpinsel und/oder Pipetten (Bastelbedarf)
- Strohhalme
- Pastellkreiden, weiße Tafelkreide

Herstellung

Wer mag, kann sein Papier zu Beginn ein wenig mit Holzasche oder grauer Kreide einreiben. Hierdurch bekommt das Papier einen schönen „gespenstischen" Grauton. Außerdem ist das Verreiben der weichen Asche auf dem Papier eine schöne haptische Erfahrung für die Kinder.

Nun wird die Tusche mit einem weichen, nicht zu dünnen Pinsel (wahlweise mit einer Pipette) auf das Papier getropft. Durch Bewegen des Papiers und durch Pusten mit dem Strohhalm bekommt der Tuscheklecks feine Verzweigungen, die an Äste und Zweige von Bäumen erinnern. Natürlich können auch Tiere, Gespenster, Baumgeister, Trolle oder andere Waldwesen entstehen. Die Kinder haben sicherlich genug Fantasie.

Wichtig ist bei dieser Technik, zügig zu arbeiten, da ansonsten die Tusche vom Papier aufgesaugt wird und nicht mehr verläuft.

Für den letzten Teil der Arbeit muss die Tusche gut getrocknet sein, da sie sonst verschmiert. Die Kinder können nun mit weißer und farbiger Kreide ihren Winterwald weitergestalten. Mit der weißen Kreide kann Schnee oder Raureif dargestellt werden, mit den farbigen Kreiden Tiere oder Waldgeister, die im Winterwald leben.

Kreative Ideen zum Gestalten!

 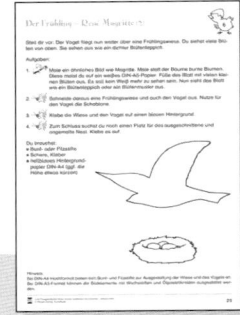

Julia Feldgen, Bärbel Klein
Kinder entdecken Kunstwerke: Jahreszeiten

Ob van Goghs „Ein blühender Mandelbaumzweig in einem Glas" oder Gabriele Münters „Drei Häuser im Schnee" – ausgehend von einem Kunstwerk setzen sich Ihre Schüler künstlerisch mit den vier Jahreszeiten auseinander und unternehmen dabei vielfältige Gestaltungsversuche. Neben den Porträts einzelner Künstler finden Sie in diesem Band zahlreiche Abbildungen als Arbeitsvorlagen für Ihren Unterricht: Beispiele aus der modernen und klassischen Malerei, Fotografie oder Land Art, welche die vier Jahreszeiten als zentrales Motiv behandeln. Zusätzliche Arbeitsblätter mit fächerübergreifenden Aufgaben zu Gedichten, Bildgeschichten oder Sachtexten ergänzen den Band. Alle Unterrichtsvorschläge sind praxiserprobt und auch für fachfremd Unterrichtende gut geeignet.
Ein Thema – mehrere Künstler – ganz viele kreative Ideen zum Gestalten!

Buch, 113 Seiten, DIN A4
1. bis 4. Klasse
Best.-Nr. 23092

 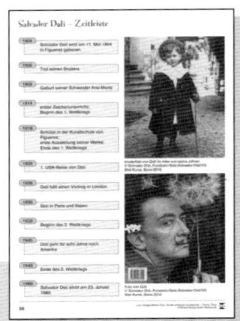

Julia Feldgen, Bärbel Klein
Kinder entdecken Kunstwerke
Tiere

Ausdrucksstarke Tiermotive sind wie gemacht, um sich in der Grundschule auf vielfältige Weise mit den Werken bekannter und weniger bekannter Künstler auseinanderzusetzen. Dürers Rindermaul, der berühmte Elefant von Ernst oder Eschers Vögel bieten viele Einstiegsmöglichkeiten in einen facettenreichen Kunstunterricht. Der Band liefert zusätzlich detaillierte Unterrichtseinheiten sowie Differenzierungsangebote und stellt Verbindungen zu anderen Fächern her – alles unterrichtspraktisch und originell aufbereitet. Kriterien zur Leistungsbeurteilung und Schülerbeispiele erleichtern Ihnen die Bewertung der Schülerarbeiten zum Thema „Tiere". Das Material ist auch für den jahrgangsübergreifenden Unterricht geeignet.
Aus dem Inhalt: Franz Marc: Die gelbe Kuh, Salvador Dali: Elefantengiraffe, August Macke: Landschaft mit Kühen und Kamel
Ein Thema, mehrere Künstler, ganz viele kreative Ideen zum Gestalten!

Buch, 82 Seiten, DIN A4
1. bis 4. Klasse
Best.-Nr. 3279

Tanja Faseler, Reinhild Harling
Kinder entdecken Niki de Saint Phalle

Die kunterbunte Fundgrube für den Kunstunterricht

Die farbenfrohen Arbeiten der Künstlerin Niki de Saint Phalle sprechen die Kinder auf ganz besondere Weise an. Mit Freude gestalten sie Skulpturen in knalligen Farben nach. Damit das optimal gelingt, finden Sie neben ausgearbeiteten Stundenentwürfen zu ausgewählten Werken der Künstlerin u. a. auch Informationen über ihr Leben, Tipps zur Organisation der künstlerischen Arbeit, Differenzierungsmöglichkeiten und Beispielarbeiten von Kindern. Das Buch umfasst größere Projekte als auch kleinere Unterrichtseinheiten.
Das Werk der Künstlerin erleben und nachgestalten!

80 Seiten, DIN A4
2. bis 4. Klasse
Best.-Nr. 3785

Lori VanKirk Schue
Kinder gestalten Kunst
68 kreative Angebote für die Klassen 1–6

Die Gestaltungsangebote vermitteln den gekonnten Umgang mit vielfältigen Techniken (Malen, Weben, Drucken) und Materialien (Ton, Krempel, Naturmaterialien). Zu jeder Idee gibt es für die Lehrkraft eine Übersichtsseite mit Fachbegriffen, benötigten Materialien und dem Unterrichtsablauf sowie weiterführenden Anregungen. Auf einer zweiten Seite werden die einzelnen Arbeitsschritte genau beschrieben und zusätzlich durch Skizzen veranschaulicht. Die Unterrichtsideen sind damit auch für fachfremde Lehrkräfte einfach umzusetzen.
Aus dem Inhalt: Gewebte Landschaft aus Papier, Falsche Fossilien/Versteinerungen, Bilderrahmen aus Ton, Drucken mit Plätzchenformen, Japanische Puppen, Handgeschöpftes Papier.
Der Ideenfundus für spannenden Kunstunterricht!

Buch, 164 Seiten, farbig, DIN A4
Ab 1. Schuljahr
Best.-Nr. 3794

Unser Bestellservice:

Das komplette Verlagsprogramm finden Sie in unserem Online-Shop unter

www.persen.de

Bei Fragen hilft Ihnen unser Kundenservice gerne weiter.

Deutschland: ☎ 040/32 50 83-040 · Schweiz: ☎ 052/366 53 54 · Österreich: ☎ 0 72 30/2 00 11